AF601172

Vente du Lundi 9 Mai 1892

A DEUX HEURES

Hôtel Drouot — Salle 5

DESSINS ORIGINAUX

PROVENANT DU

Courrier Français

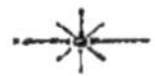

EXPOSITION PUBLIQUE

le Dimanche 8 Mai, de 1 h. à 5 h. 1/2

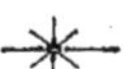

Me Jules PLAÇAIS
COMMISSAIRE-PRISEUR
5, rue Hippolyte-Lebas

Me Ed. KLEINMANN
EXPERT, MARCHAND DE DESSINS
8, rue de la Victoire

PARIS 1892

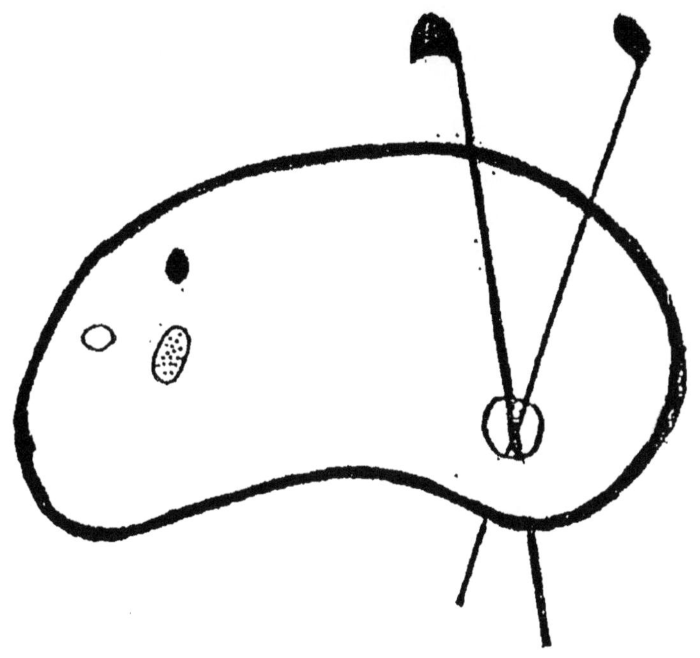

FIN D'UNE SERIE DE DOCUMENTS
EN COULEUR

Catalogue des Dessins

MIS EN VENTE

à l'Hôtel Drouot, Salle n° 5

le Lundi 9 Mai 1892, à 2 heures

Faverot.
Forain (J.).
Heidbrinck.
Legrand (Louis).
Lunel.
Pille (Henri).
Pissaro.
Quinsac (P.).
Uzès.
Willette (A.)

Me Jules PLAÇAIS
Commissaire-Priseur
5, rue Hippolyte-Lebas.

Me Ed. KLEINMANN
Expert, Md de Dessins
8, rue de la Victoire.

Exposition Publique le Dimanche 8 Mai
de 1 h. à 5 h. 1/2.

Tous les Dessins sont vendus avec interdiction formelle de droit de reproduction.

CONDITIONS DE LA VENTE

Elle se fera au comptant.

Les acquéreurs paieront, en sus des adjudications, cinq centimes par franc.

Les dessins sont vendus avec interdiction formelle de droit de reproduction.

M. Kleinmann se charge des commissions des personnes qui ne pourraient assister à la vente.

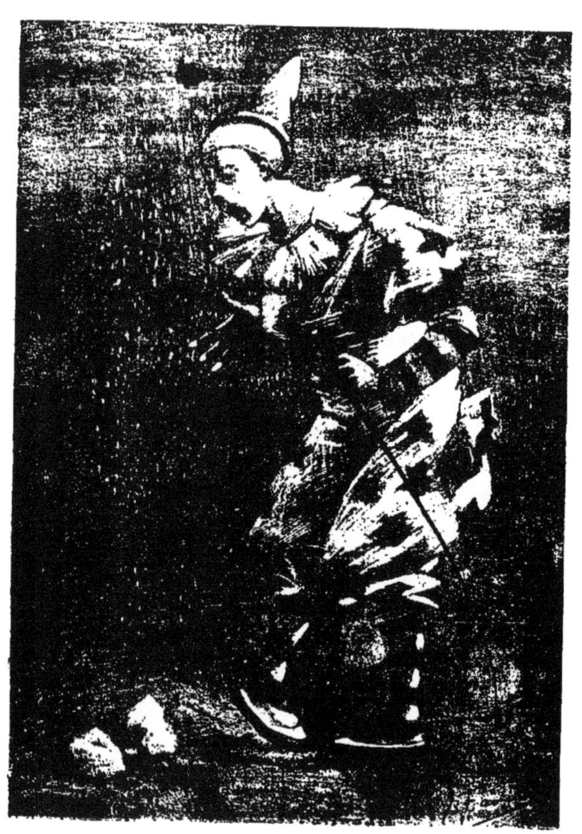

Dessin de FAVEROT.

— Ahô !

DÉSIGNATION

DESSINS

FAVEROT

1. Ahô.
2. Sans légende.
3. En avant.
4. Au nouveau Cirque le jour des Rois — L'arène boit!!!
5. Pierrot et Colombine.

FORAIN

6. Enfin seule.
7. Dessin sans légende.
8. Croquis.
9. ..... Et puis, c'est si laid un homme! (épreuve sur chine).
10. ?..... (épreuve sur chine).
11. Comme ça m'va bien d'engueuler mon fils! (épreuve sur chine).
12. Le Petit Chaperon rouge (épreuve sur chine).
13. Comment est-il ton père? (épreuve sur chine).

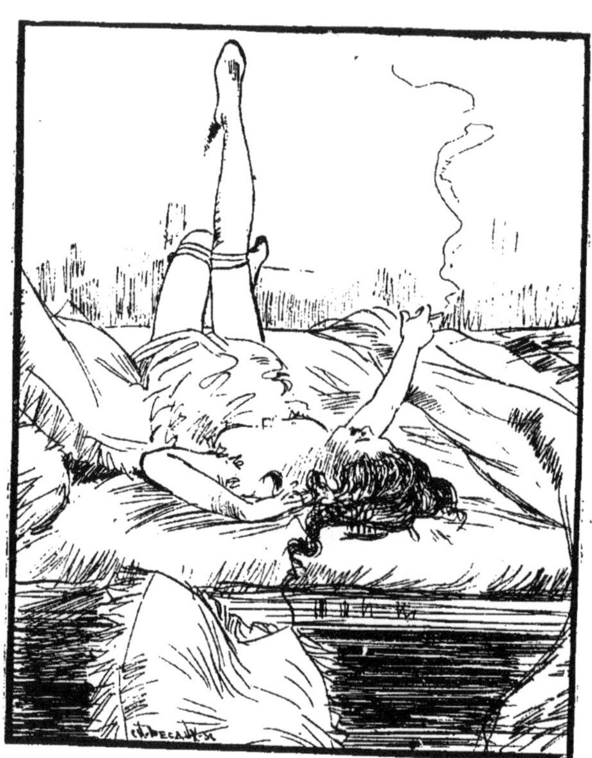

Dessin de FORAIN.

Enfin seule!

14. Oui, je veux bien, mais pas d'hommes! (épreuve sur chine).
15. A John Bull (épreuve sur chine).
16. Est-ce pas, Juliette, que jamais personne ne donnerait quarante-trois ans à c't homme-là? (épreuve sur chine).
17. Comme ça, je n'dois plus rien... Ah! si tous les huissiers étaient comme vous!... (épreuve sur chine).
18. Vous m'lâchez ici avec cinq sous d'pourboire; j'aurais dû vous arrêter d'vant un poste! (épreuve sur chine).

HEIDBRINCK

19. L'Idéal.
20. Le Renouveau.
21. La Juive errante.
22. Énervement.
23. La Romance.
24. Madame Esculape.
25. Noël.
26. Méditation.
27. Le Voyage à Citeaux.
28. Le premier pas dans... le jeu.
29. L'Art de téter depuis les temps les plus reculés.
30. La Sieste au beurre.
31. L'honnête Commissionnaire.
32. La Plainte des dernières feuilles.
33. Fleur de Mai.
34. Brune et Blonde.
35. La Leçon de piano.

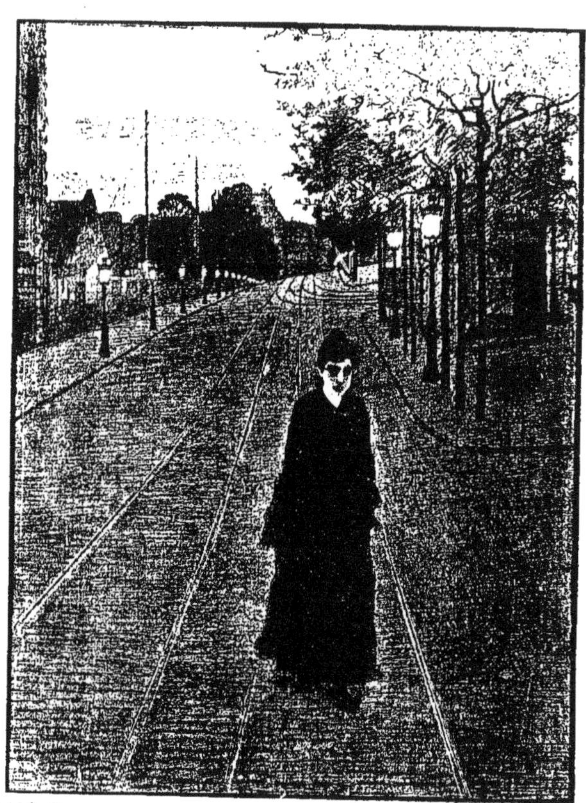

Dessin de HEIDBRINCK.

La Juive errante.

36. Ça mord.
37. Souffler n'est pas jouer.
38. Le Vin rend bon. — Le Vin gaulois.
39. Et la broyant contre lui, lui mettant au front, au cou, aux épaules, aux lèvres, la morsure de ses baisers, il s'efforçait de la ployer et de la coucher sur le sable.
40. Les deux Redingotes.
41. L'Amour! A quoi pense le Printemps.
42. Les trois gras.
43. Un jour d'échéance.
44. L'Amour dompte la force.
45. Rue de Tocqueville, 59 — Attendant l'ouverture des portes.
46. J'avais juré de vivre sans maîtresse — J'avais juré de vivre sans amour.
47. Instinct fatal.
48. Portrait de Mlle Naya.
49. Appartement à louer avec vue très gaie sur un superbe jardin orné de monuments artistiques.
50. Le Champagne.
51. A l'Atelier — Pige donc s'il est chic! Y m'a fichu des bas de soie.
52. Les Cerises.
53. Les Joies de l'été de 1888.
54. Satan et Séraphin.
55. Vieille statue.
56. V'là le *Courrier Français* qu'on expose.
57. La Justice.
58. Les Bottines du petit chéri.

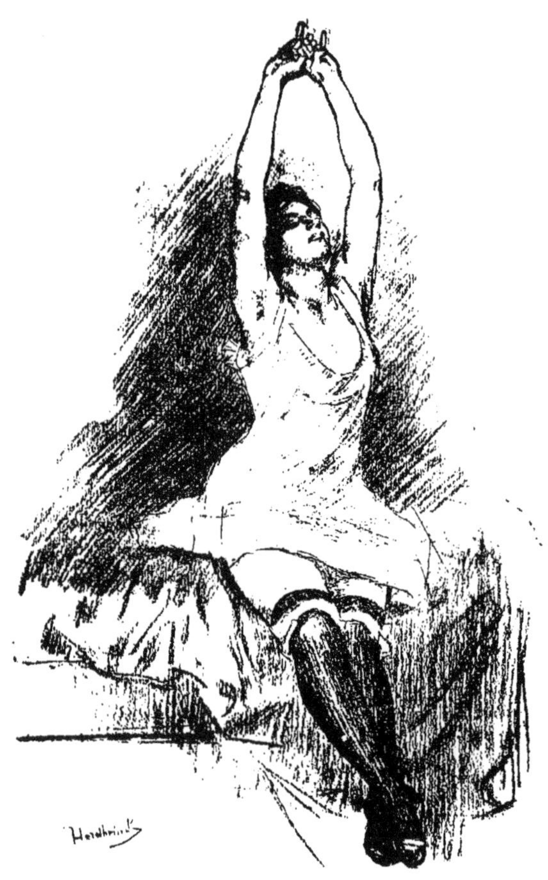

Dessin de HEIDBRINCK.

Énervement.

59. L'amour est léger.

60. Temps gris — Cœur triste!

C'est ainsi que l'homme et la nature iront toujours ensemble.
Lorsque le ciel est noir, n'est-ce pas qu'il nous semble
Que notre âme est funèbre aussi.

61. Le Verre de vin des Croque-morts.

62. Le Rêve d'un conquérant.

63. Mlle Yvette Guilbert (quatre portraits).

LOUIS LEGRAND

64. L'Été de la Saint-Martin.
65. Toast spiritualiste.
66. Neuf! Dix!
67. La Maîtresse du président.
68. La Campagne électorale. — Non, t'es trop faible de constitution.
69. Prostitution (épreuve). Dessin poursuivi et condamné à huit mois de prison et 3,600 fr. d'amende.
70. Homme et Femme nus, monocle.
71. Les Violettes.
72. Le véritable Struggle for lifer.
73. Tiens! des masques.
74. Le véritable Amateur d'Estampes.
75. A Villiers de l'Isle-Adam.
76. Enfin seul.
77. Les Perquisitions.
78. Les Peintres.

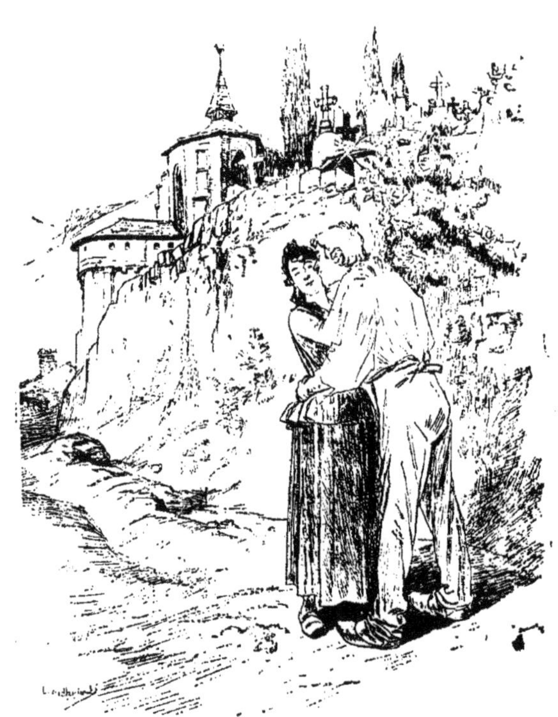

Dessin de HEIDBRINCK.

Renouveau.

79. La Fiche de consolation — Votez pour les Femmes.
80. Bravoure officielle.
81. Dimanche.
82. Quant le Diable devient vieux, il se fait... critique.
83. Zut!!! V'là le Printemps!
84. Faut surtout pas boire de bière.
85. Les v'là les Hannetons.
86. Avant les Élections, d'la viande — Après d'la peau.
87. Le Mardi gras — les bœufs sont des gens heureux.
88. Que faut-il au Poète? un baiser et du pain.
89. Le Jour de la Tireuse de cartes.
90. L'excès en tout est un défaut.
91. Les Trottins.
92. Chasse à la grosse bête.
93. Chasse à la petite bête.
94. La Vierge aux fortifs...
95. Toute seule.
96. Mon opinion politique la v'là!
97. Nos Députés en vacances — « Et cependant, moi, je ne suis pas inviolable ».
98. Premier raccroc.
99. La Rampe s'allume.
100. La nouvelle Chambre — Promettre et tenir font deux.
101. Où sont les Neiges d'Antan.

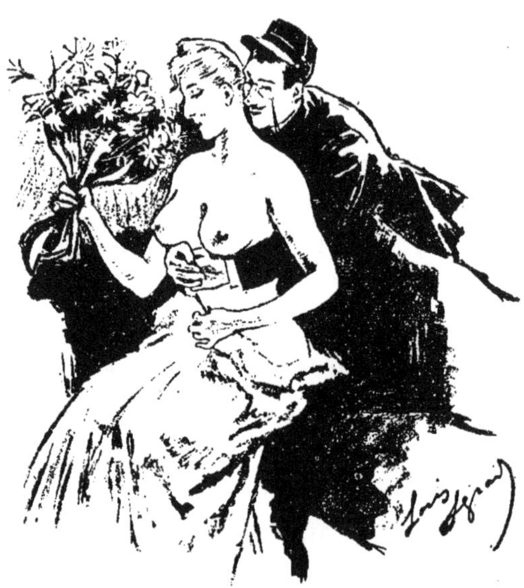

Dessin de Louis Legrand.

Premières chaleurs.

102. Echos d'Automne.
103. Les Revues de fin d'année.
C'est nous les petites grues
Qui personnifions les revues.
104. Au Large.
105. Le 1er Mai — Manifestation des Travailleuses.
106. Le Froid. — La Glace.
107. Premières Chaleurs.
108. V'là les voyages qui recommencent.
109. Avant l'ouverture du Salon. — Si je n'étais pas hors concours.
110. Petit Nichon deviendra grand.
111. Les Tribunaux sont rentrés, v'là le commerce qui reprend.
112. L'Angelus.
113. Une élève de Réjane.
114. J'ai peur qu'on nous voie.
115. Après.

LUNEL

116. Un Dessin intéressant.
117. L'Amazone au Concours hippique.
118. Au Bois de Boulogne le 14 Juillet : A la tienne, grand-frère !...
119. Plaisirs d'été.
120. Les Écossais au Moulin-Rouge.
121. Pendant l'Exposition : Les affaires marchent, demandez plutôt aux limonadiers des boulevards.

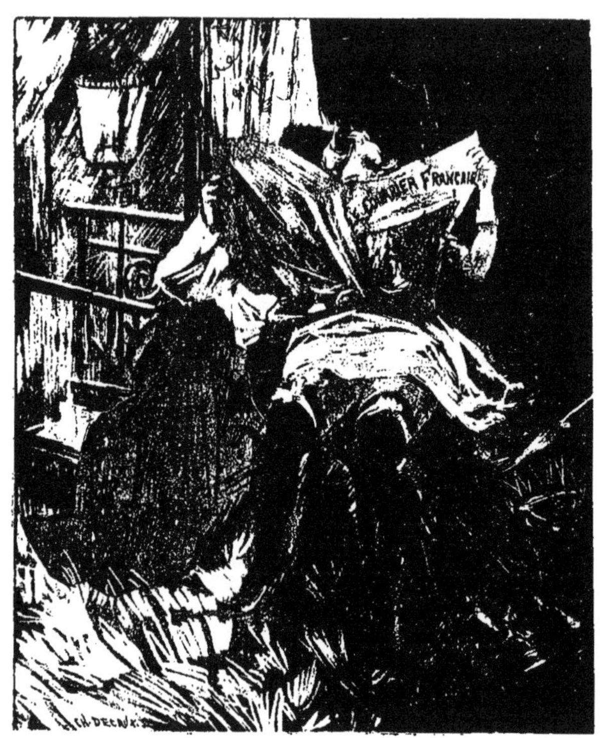

Dessin de LUNEL.

Un dessin intéressant.

122. V'là le Printemps.

123. Venu au bal pour s'amuser.

124. De Paris à Asnières : Aller et retour.

125. Les Poupées aux étalages du 1er janvier. — P'sst... p'sst.

126. Dessin pour le programme de la Fête du Nu donnée par le *Courrier Français* le 22 mars 1889.

127. L'Eventail du peuple.

128. Les Potaches. — Dessin pour la chanson de Xanrof.

129. Trottin.

130. L'Amateur de mollets.

131. Il ne faut jamais regretter ce que l'on a sacrifié à l'Amour.

132. A la fête de Neuilly : Les Trois grasses.

133. A Jersey : Qui le montera maintenant ?

134. La Circulation dans le faubourg Montmartre et la Chaussée-d'Antin.

135. ?

136. Guettant l'arrivée de son petit homme.

137. Jeunes Pschutteux au bal de l'Opéra.

138. Lui : « ...? » — Elle : « Oui, mais tu crieras : Vive Boulanger ! »

139. Salut à la province et à l'étranger.

140. Quelle chaleur !

141. Au Cirque d'été : Les Lapins de Mlle Emilienne d'Alençon.

142. Kadoudja.

143. Le Renouveau.

144. Mai — Fleurs blanches.

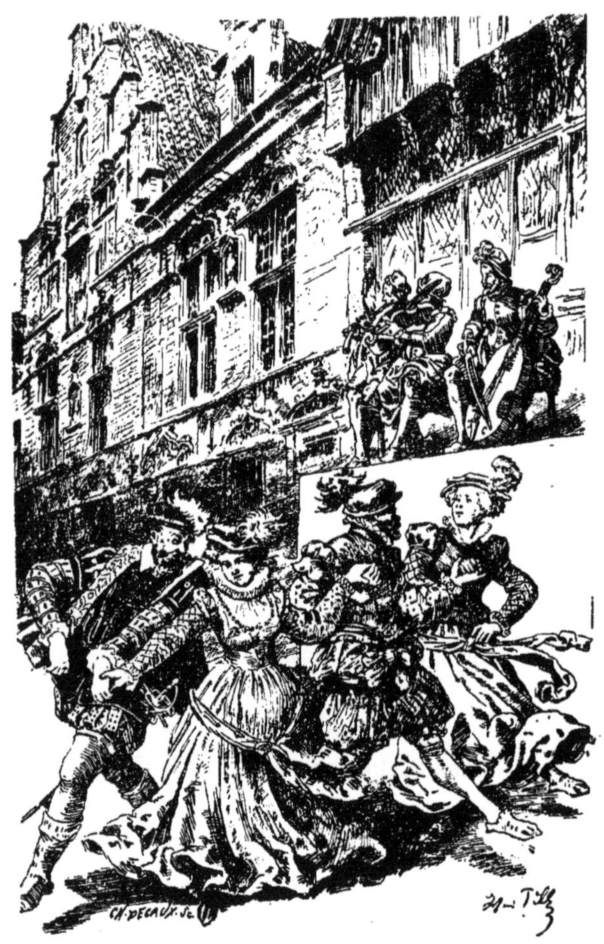

Dessin de Henri Pille.

La Pavane au XVIe siècle.

HENRI PILLE

145. Invasion du château de Fontainebleau par les Anglais — Les rois de France protestent.
146. Le Roman d'une chèvre.
147. Le Crieur de ville.
148. Ne mens jamais.
149. La farandole (dessin de la couverture en couleur du numéro spécial du *Courrier Français* les Inondés du Midi.
150. A l'Exposition des bières françaises — M. Chevreul boit le premier bock à la santé de la jeunesse.
151. Chez le Joaillier.
152. En Espagne — Dans l'attente d'un pronunciamento.
153. Sortie d'église en Bretagne.
154. Les Puritains.
155. Le Gonfalonier.
156. L'Armée française à toutes les époques.
157. L'Alchimiste.
158. Les Frimas.
159. Dessin de la couverture des *Pages d'Autrefois.*
160. Pour Sylvie.
161. Promenade.
162. Le Viatique.
163. A l'Écu de Brabant.

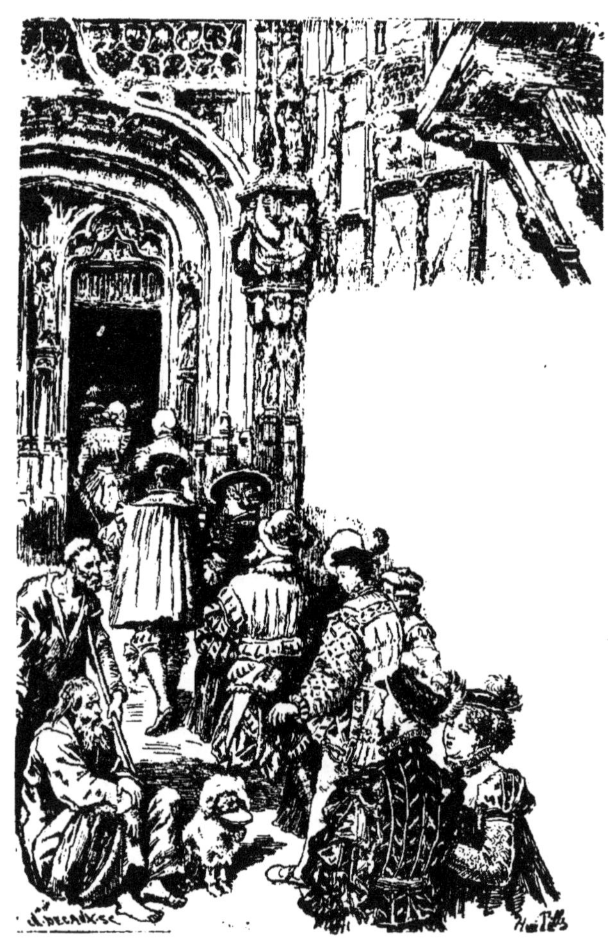

Dessin de Henri Pille.

L'Aumône.

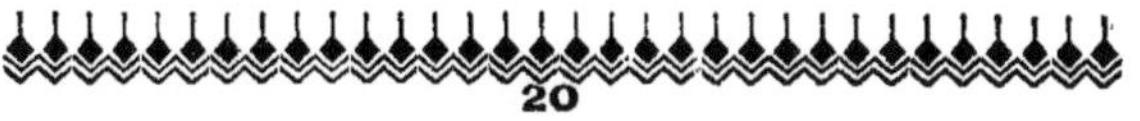

164. Le Solitaire.
165. Sur le seuil.
166. Après le Sermon.
167. Sur le port.
168. L'Amateur des Jardins.
169. Le Veilleur de nuit.
170. A Cervantès.
171. Idylle aux champs.
172. Je voudrais que chaque paysan pût mettre la poule au pot tous les dimanches.
173. La Place de Grève au XVIe siècle un jour d'exécution.
174. Chanson de Geste.
175. Dans l'antichambre.
176. Retour au château.
177. A la Foire aux pains d'épices.
178. M. Chevreul dans son laboratoire.
179. La Grêle.
180. Les Cerises.
181. Déception.
182. Les Rois.
183. La Revue patriotique.
184. Après le Mariage.
185. A Chevreul.
186. Discours à Chevreul.
187. La Pavane au XVIe siècle.
188. L'Aumône.

PISSARO

189. Sur les Fortifs.

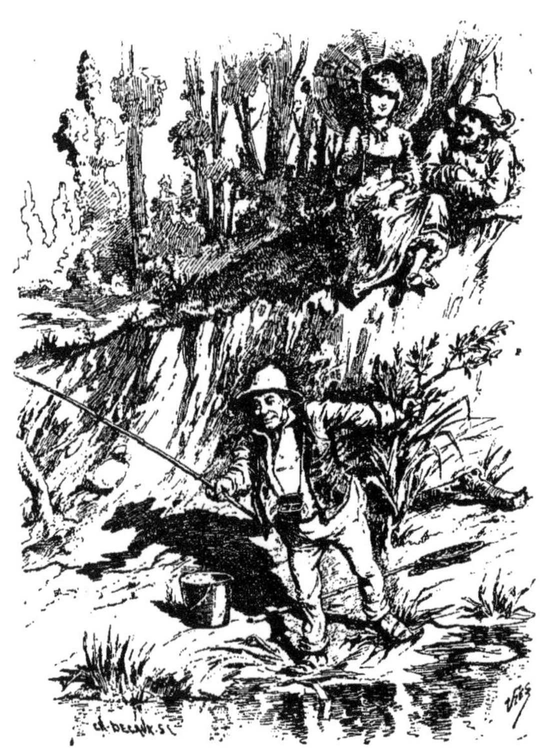

Dessin d'UZÈS.

A tout pêcheur... miséricorde.

QUINSAC

190. Carnot à Wattignies.
191. Lille, à Olivier Métra.
192. L'Agneau pascal.
193. Vent d'ouest.
194. La République unissant l'Art et le Travail à l'Exposition universelle.
195. Assez d'eau comme ça, cria Dieu le Père à saint Médard, si tu ne fermes pas tes robinets à l'instant, je t'expulse du Paradis.
196. La Moisson.
197. La Farandole passe... La Farandole est passée.
198. Les Moissons de France.
199. L'ancienne entrée du Cimetière du Nord, boulevard de Clichy : Le Jour des Morts.
200. A monseigneur le duc d'Aumale : Merci !
201. Les Deux Chasseresses.
202. Souvenir du Bal des Artistes à l'Opéra : La Loge du *Courrier Français.*
203. Dessin ayant servi à l'encadrement du programme du *Courrier Français* distribué dans la salle de l'Opéra, à l'occasion du Bal des Artistes dramatiques.

UZÈS

204. Ferrouillat le Chaste.
205. Soyez donc vertueux.
206. Le Guide du parfait pêcheur à la ligne.

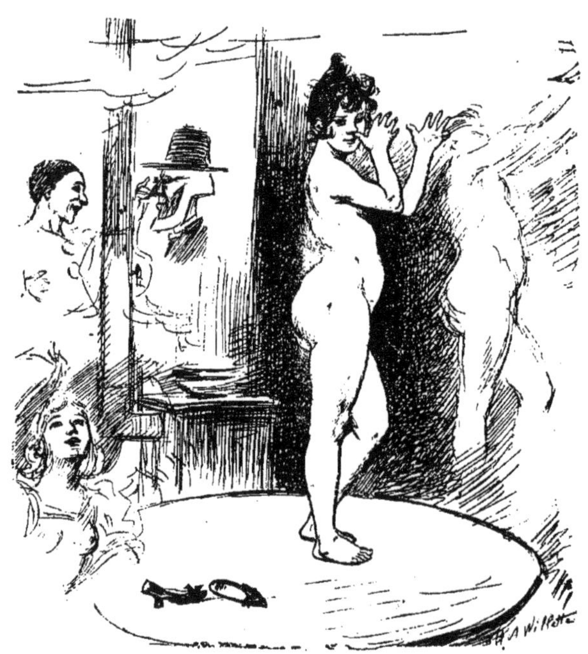

Étude.

Par A. VILLETTE.

207. Aux champs.

208. Mlle Ellen Andrée.

209. A tout pêcheur... miséricorde.

WILLETTE

210. Le Meilleur des Professeurs. — A jeudi, ma Couvée chérie, et soyez sages!

211. Dessin de Willette ayant servi à illustrer le Programme de la fête du *Courrier Français* à l'Opéra, le 23 avril 1887.

212. L'Enfant prodigue (épreuve lithographique — très rare).

213. Un Directeur veinard, c'est Jules Roques.

214. Les Gens de sport.

215. Étude.

216. En montant à la Tour Eiffel (épreuve sur chine).

217. Lâche! (épreuve sur chine).

218. Ce sera du propre pour vos femmes, quand il n'y aura plus de filles!

219. Flore au square. — M'sieu!... permette d'arranger ma jarretière!

220. Aïe!... mon corset!... aïe!... permett'e... pas, m'sieu?

Paris. — Imp. A. Lanier et ses Fils, 14, rue Séguier.

www.ingramcontent.com/pod-product-compliance
Ingram Content Group UK Ltd.
Pitfield, Milton Keynes, MK11 3LW, UK
UKHW020524180726
13839UKWH00005B/2295